Au revoir l'Acadie

Cover & Chapter Art by
Andrea Bacca

by
Kimberley R. Anderson

Edited by
Carol Gaab

IBSN: 978-1-945956-50-8

**2 Stonewood Drive, Freeport, Maine 04032
info@FluencyMatters.com • FluencyMatters.com**

ACKNOWLEDGMENTS

With thanks and appreciation...

To my friend, Wayne Gilbert, whose account of his ancestors' plight inspired me to write this book.

To my editor, Carol Gaab, not only for guiding me through the process, but also for her friendship.

To everyone involved in getting this book to print, for their vital contribution.

To my family and friends for their encouragement and support.

A NOTE TO THE READER

This comprehension-based reader is based on fewer than 240 high-frequency words in French. It contains a *manageable* amount of vocabulary and numerous cognates (words that are similar in two languages), making it an ideal read for advanced-beginning language students.

Essential vocabulary is listed in the glossary at the back of the book. Keep in mind that many verbs are listed in the glossary more than once, as most appear throughout the book in various forms and tenses. (Ex.: I go, he goes, let's go, etc.) Vocabulary that would be considered beyond novice level is footnoted within the text, and their meanings given at the bottom of the page where each occurs.

Although fictitious, this story is based on true historical accounts of the expulsion of the French from Acadia. We hope you enjoy the story and learn a bit about history in the process.

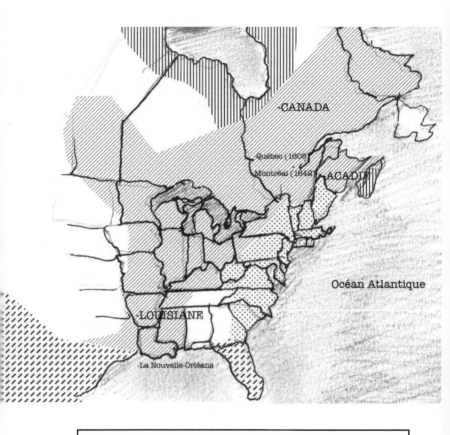

CANADA

Québec (1608)

Montréal (1642) · ACADIE

Océan Atlantique

·LOUISIANE

·La Nouvelle-Orléans

territoire contrôlé par la France

territoire contrôlé par la Grande-Bretagne

anciens territoires français, contrôlés par la
Grande-Bretagne depuis 1713

territoire contrôlé par l'Espagne

Sommaire

Chapitre 1 : Un message urgent 1

Chapitre 2 : Des rumeurs 6

Chapitre 3 : Problèmes à la frontière 11

Chapitre 4 : Une menace 19

Chapitre 5 : Comme des animaux 27

Chapitre 6 : Une prison navale 34

Chapitre 7 : Un camp de réfugiés 40

Chapitre 8 : Une crise humanitaire 46

Chapitre 9 : Le cauchemar continue 51

Chapitre 10 : Un voyage difficile 58

Chapitre 11 : Un moment crucial 66

Chapitre 12 : Le début de la fin 72

Chapitre 13 : Sur le bayou 77

Glossaire 83

Chapitre 1
Un message urgent

le 25 octobre, 1755

Une forêt dense et primitive, en Acadie, à l'est du Canada, en Amérique du Nord

« *Cours !* », pensait le jeune homme. « *Je ne veux pas mourir* », pensait-il. Le jeune homme courait très vite... Il courait pour sauver sa vie.

BOUM ! BOUM ! Derrière lui, il a entendu des mousquets et il a sursauté, mais il ne s'est pas arrêté. Il a continué à courir et des mousquets ont continué à exploser. *BOUM ! BOUM !*

Le jeune homme s'est dit : « *Il est urgent que je transporte ce message.* » Les soldats armés de mousquets couraient aussi. Ils ont regardé le jeune homme. Il avait 17 ou 18 ans. On voyait qu'il était désespéré.

BOUM ! BOUM ! BOUM ! Le jeune homme a continué à courir vite ! On voyait qu'il était sportif et en bonne forme physique. On voyait aussi qu'il était désespéré.

– Arrêtez le courrier ! Arrêtez-le ! a crié un soldat.

Le jeune homme ne s'est pas arrêté. Cette mission était importante et avait de graves conséquences. C'était une question de vie ou de mort. « *Je dois transporter ce message !* », pensait le jeune homme.

Le jeune homme est arrivé près d'une rivière agitée. Il s'est arrêté de courir juste devant la rivière et l'a regardée, alarmé. « *Qu'est-ce que je peux faire ?! Je ne veux pas sauter… Je ne veux pas mourir.* »

Mais l'ennemi s'approchait vite. La situation était grave, il était dans une impasse : devant lui, il y avait une rivière turbulente ; derrière lui, un groupe de soldats hostiles qui s'approchait rapidement.

– Arrêtez-le ! Arrêtez-le vite ! a insisté le soldat
  d'un ton autoritaire.

Le jeune homme a regardé les soldats combatifs et
puis la rivière turbulente. Il n'avait pas beaucoup d'options. « *Saute !* », a pensé le jeune homme. « *Je dois
sauter... pour sauver ma vie... et pour sauver les autres.* »
Il était déterminé à compléter sa mission… Il n'y avait
pas une minute à perdre. *PLOUF !* Désespéré, mais dé-

terminé, il a sauté. Rapidement, la rivière turbulente a transporté le jeune homme. En deux secondes, il a disparu.

– C'est un homme mort ! a crié un soldat.

– LÂCHE[1] ! a crié un second soldat. Il préfère mourir dans la rivière que de mourir entre nos mains !

Note historique

- Au Nouveau Monde, comme en Europe, la France et la Grande-Bretagne étaient ennemies. En 1754, dans la vallée de l'Ohio, il y avait des hostilités entre la France et la Grande-Bretagne à cause de frontières disputées. Peu après, le conflit a touché d'autres régions, comme l'Acadie.

[1]lâche - coward

Chapitre 2
Des rumeurs

le 26 octobre, 1755

Une région francophone rustique, dans la baie de Fundy, dans l'océan Atlantique en Acadie, à l'est du Canada

Marie a ouvert les yeux et elle a sauté immédiatement de son lit. On voyait qu'elle était contente. Ce jour était un jour spécial et elle était enthousiaste et pleine d'énergie.

« Enfin ! », Marie s'est exclamée avec joie « C'est samedi ! » Elle était jeune. Elle avait 15 ans.

Ce jour-là Marie allait à une fête. Le village de Marie organisait une fête et elle était très contente. Tout le monde allait à la fête et Marie était contente parce qu'elle allait enfin revoir Marc. Marc était le petit ami[1] de Marie. Marie pensait à Marc pendant qu'elle se pré-

---

[1]petit ami - boyfriend

parait. Marc était fort et athlétique. C'était une bonne personne et un homme de conviction.

Elle était de très bonne humeur et elle chantait pendant qu'elle se préparait. Marie est allée à la fenêtre et l'a ouverte. Elle a regardé par la fenêtre et s'est dit : « *Quelle belle journée !* » À ce moment-là, elle a vu son père et un groupe d'hommes de la communauté. Ils n'étaient pas contents. Ils parlaient et Marie les a écoutés, mais elle avait du mal[2] à les entendre :

avait du mal - had trouble; had difficulty

– Nous ne sommes pas certains si c'est vrai ou si ce sont juste des rumeurs… On dit que le Père LeBlanc a reçu un message, a répondu un homme.

– Quel message ?! s'est exclamé un homme.

– Que les Anglais vont arriver ! C'est imminent !

– Qu'est-ce qu'ils veulent ? a demandé un autre homme.

– Ce n'est pas ce qu'ils veulent mais ce qu'ils ne veulent pas !

Marie écoutait, confuse. Elle pensait : « *Ce qu'ils ne veulent pas… ? Je ne comprends pas.* »

– Ce qu'ils ne veulent pas… ? a demandé le père de Marie.

– Nous… Ils ne veulent pas des Français, a répondu l'autre homme, nerveux.

– Je ne le crois pas ! a dit son père, surpris.

– Nous ne pouvons pas en être certains, mais nous avons besoin de nous préparer pour une invasion, lui a répondu un autre homme.

À ce moment-là le père de Marie a levé les yeux vers

la fenêtre et il a vu Marie.

> – Marie ! Qu'est-ce que tu fais ? Vite ! Dépêche-
> toi[3] ! Nous allons bientôt à la fête.

> – Oui papa ! a répondu Marie, perplexe.

Marie avait peur… *« Quelle invasion ? Les Anglais ? Ce sont juste des rumeurs ? »*, pensait Marie. Elle était perplexe. Elle a commencé à se préparer pour la fête et bientôt elle ne pensait plus à l'invasion. Elle pensait à la fête et elle était enthousiaste à l'idée de revoir Marc. Elle est partie pour la fête en pensant à Marc.

[3]*dépêche-toi - hurry up*

Note historique

- *L'Acadie, une ancienne colonie française, est devenue un territoire britannique en 1713. L'Acadie se trouvait entre la Nouvelle-France et les 13 colonies de la Nouvelle-Angleterre. Les Acadiens se considéraient comme neutres, ni Français ni Britanniques, mais les autorités britanniques ne pensaient pas que les Acadiens, les « Français Neutres », étaient vraiment neutres.*

- *En 1755, la Nouvelle-France était séparée en deux colonies : le Canada et la Louisiane. Le territoire de la Louisiane lui-même[4], était séparé en la Haute-Louisiane (où se trouvait le Québec et la vallée de l'Ohio) et la Basse-Louisiane (où se trouvait la Nouvelle-Orléans.).*

[4]*lui-même - itself*

Chapitre 3
Problèmes à la frontière

le 26 octobre, 1755

Un village acadien dans la baie de Fundy, en Acadie

Marie est arrivée à la fête avec ses deux cousines, Anne et Charlotte. L'occasion était festive et il y avait beaucoup de personnes de toutes les générations. On voyait que cette communauté était comme une grande famille.

Immédiatement, Marie a commencé à chercher Marc. Il y avait beaucoup de monde et Marie n'a pas vu Marc.

– Où est Marc ? Je ne le vois pas, a demandé Marie à ses cousines.

Charlotte et Anne se sont regardées nerveusement.

– Marc n'est pas ici… Il est parti. Tu ne le savais pas ? lui a demandé Charlotte avec surprise.

– Quoi ? Marc est parti ? Où est-il allé ? leur a demandé Marie, alarmée.

– On dit que Marc est allé à Québec…, a répondu Charlotte.

– À Québec ?! Pas possible ! s'est exclamée Marie.

– Il y a des rumeurs qui courent, a dit Anne, nerveuse. On dit que Marc aide l'armée anglaise et qu'il conspire contre le gouvernement français... et contre nous, les Acadiens.

– C'est ridicule ! a interrompu Marie. Je ne le crois pas !

– Écoute, Marie. C'est grave. On dit que Marc est un traître.

– Un traître ? C'est absurde ! a crié Marie, stressée.

– Marie, écoute-moi ! Tu sais bien que les Anglais cherchent des soldats pour leur armée. On dit que Marc leur a donné une liste de noms. Les Anglais vont nous forcer à combattre contre les Français, a expliqué Anne.

– C'est vrai, Marie. J'ai entendu mon père. Il a dit qu'il allait y avoir[1] une invasion et que les Acadiens allaient avoir deux options : combattre ou quitter l'Acadie, a dit Charlotte d'une voix sérieuse.

– Marc n'est pas un traître ! a insisté Marie.

– Calme-toi, Marie… Je ne veux pas le croire non plus mais comme c'est bizarre qu'il soit parti sans rien dire[2] ! lui a dit Anne.

---

[1]*qu'il allait y avoir - that there was going to be*

[2]*qu'il soit parti sans rien dire - that he left without saying anything*

Marie n'arrivait pas à se calmer[3]. Elle était bouleversée[4] par la nouvelle. Elle voulait trouver Marc. Elle voulait savoir pourquoi il était parti sans lui parler.

Tout le monde mangeait et s'amusait mais Marie ne s'amusait pas. Soudain, quelque chose a frappé[5] la tête de Marie.

— Aïe ! Qu'est-ce que c'est ? s'est écriée Marie, surprise.

Marie a entendu « HA HA HA » et elle savait qui c'était. C'était son frère, Philippe. Il était avec ses amis, Luc et Victor. Marie a regardé Philippe et, furieuse, elle s'est écriée :

— Arrête, imbécile !

[3]*n'arrivait pas à se calmer - wasn't able to calm down*
[4]*bouleversée - devastated*
[5]*a frappé - hit*

Alors, Marie s'est levée rapidement et elle est partie, en pleurs[6]. Philippe était très surpris par la réaction de Marie. Il a regardé Anne et Charlotte, confus, et leur a demandé :

– Quel est son problème ?

– Marie est de mauvaise humeur. Marc est parti

[6]*pleurs - tears*

d'une manière suspecte… sans le lui dire, lui a expliqué Anne.

– Ah non! Je ne le savais pas ! Où est-il allé ? s'est exclamé Philippe.

– On ne sait pas exactement ce qui s'est passé, mais il y a des rumeurs qui courent… On dit que Marc conspire avec le gouvernement anglais… qu'il les aide à trouver des Acadiens pour combattre dans l'armée anglaise, a dit Anne d'une voix stressée.

– Oui, j'ai entendu mon père dire que les Acadiens allaient avoir deux options : combattre ou quitter l'Acadie, a dit Charlotte d'une voix sérieuse.

– C'est incroyable ! a répondu Philippe. Je ne sais pas, moi. Peut-être qu'il est parti parce qu'il voulait échapper[7] à la guerre imminente. Il y a beaucoup de problèmes à la frontière. On dit que les Micmacs et les Français attaquent à nouveau les

[7]échapper - to escape

forts et les villages britanniques pour défendre leur terre. Alors... peut-être que Marc a pris peur[8].

Tout le monde écoutait en silence. On savait qu'un conflit arrivait… mais on ne savait pas quand.

Note historique

- Les peuples indigènes, comme les Micmacs, ont aidé les Acadiens à s'adapter au Nouveau Monde. En général les peuples indigènes et les Acadiens avaient de bonnes relations.

- Les Micmacs étaient catholiques comme la majorité des Acadiens. De temps en temps ils se mariaient[9] entre eux.

---

[8]*a pris peur - got scared*

[9]*ils se mariaient - they married each other*

Chapitre 4
Une menace

le 27 octobre, 1755

Un village acadien dans la baie de Fundy, en Acadie

– Marie ! Dépêche-toi ! Allons-y ! s'est écriée la
mère de Marie avec impatience. Je ne veux pas
arriver à l'église[1] en retard !

Marie ne voulait pas se dépêcher. Elle ne voulait pas
aller à l'église ce matin. Marie était toujours bouleversée
par la nouvelle que Marc était un conspirateur. Elle voulait simplement chercher Marc.

– Maman... s'il te plaît... Je ne veux pas aller à
l'église.

[1] l'église - church

Sa maman savait pourquoi Marie ne voulait pas aller à l'église et elle a répondu d'une gentille voix.

– Marie, ce matin, l'église est exactement ce dont nous avons besoin[2].

Triste, Marie a accompagné sa famille à l'église. Le Père LeBlanc a commencé le sermon, mais Marie n'a rien entendu. Elle n'écoutait pas le sermon ; elle pensait à Marc. « *Est-ce que Marc est vraiment un conspira-*

[2]*ce dont nous avons besoin - what we need*

teur ? Est-ce qu'il est collaborateur… ou informateur ? »

BAM ! À ce moment-là, les portes de l'église se sont ouvertes avec violence. Marie a sursauté de surprise. D'un seul mouvement, toutes les têtes se sont vite tournées vers les portes.

À leur grande surprise, des officiers britanniques aux yeux froids[3] sont entrés. Derrière les officiers, un groupe

[3]*froids - cold*

de soldats britanniques, armés de mousquets, a formé une barrière devant les portes. Certaines personnes ont crié et d'autres ont commencé à pleurer et à prier[4] :

– Que Dieu[5] nous aide !

Tout le monde était paralysé de peur. Deux secondes ont eu l'air d'une éternité alors qu'un des officiers britanniques s'est approché du Père LeBlanc. On voyait que le Père LeBlanc était furieux, mais intérieurement, il se sentait[6] intimidé. Le Père LeBlanc s'est écrié d'une voix furieuse :

– Qu'est-ce qui se passe ? Que voulez-vous ?

– Bonjour, mon Père, un officier britannique lui a répondu d'un mauvais accent français. J'ai un message important pour la communauté... de la part du Gouverneur Lawrence.

Et puis l'officier britannique s'est tourné vers la congrégation :

– Mesdames et messieurs… votre attention s'il

[4]*prier - to pray*
[5]*Dieu - God*
[6]*se sentait - felt*

vous plaît. L'Angleterre a déclaré la guerre à la France. Vous êtes d'origine française, et donc, le Gouverneur Lawrence vous considère comme une menace à la sécurité nationale…

L'officier a continué :

– Nous allons déporter tous les Acadiens immédiatement. Vous allez voyager vers les colonies britanniques où vous ne pourrez pas[7] aider l'armée française.

Pendant que l'officier parlait, les hommes et les femmes le regardaient avec confusion et puis avec horreur. Le père de Marie essayait d'être courageux, mais on voyait qu'il était extrêmement alarmé.

– Quitter[8] notre village ? s'est écrié son père. Aller dans les colonies britanniques ? Mais l'Acadie est notre maison !

Marie a regardé son père avec surprise. Elle avait très peur ! Normalement son père était un homme très calme, mais à ce moment-là, il était furieux, on voyait que lui aussi avait peur.

[7]*ne pourrez pas - will not be able*
[8]*quitter - leave*

« *Déportation ? Ai-je bien entendu ? Voulait-il vraiment dire déportation ?* », en se tournant vers sa mère, Marie se le demandait. Horrifiée, Marie a remarqué que sa mère tremblait de peur. Philippe tremblait aussi, mais il n'avait pas peur. Philippe tremblait de rage. On voyait qu'il détestait l'officier et qu'il voulait l'attaquer.

Un Acadien a essayé de justifier la situation à l'officier :

– Nous sommes d'origine française… mais nous avons toujours été indépendants du gouvernement français et du reste de la Nouvelle-France.

– Oui ! Nous détestons la monarchie française. Notre communauté ne se conforme pas à la société française, a interrompu un autre Acadien.

– Silence ! s'est écrié l'officier anglais en frappant la table avec force.

L'officier britannique a continué :

– Vous ne vous conformez pas à la société anglaise non plus ! Cela fait 50 ans que l'Acadie est un territoire britannique et vous n'acceptez ni notre religion ni notre langue.

– Oui, nous sommes neutres, a dit un homme avec conviction.

– Exactement ! Les Français Neutres sont encore plus dangereux ! a déclaré l'officier.

– Nous ne sommes pas un danger pour les Anglais ! a crié un homme acadien.

L'officier était furieux ! Il a levé son pistolet et a crié :

– En plus, nous avons un informateur de votre communauté. L'informateur nous a informés que vous refusiez de faire allégeance… à l'Angleterre ou à la France. Ceci est certainement une rébellion ! Nous devons arrêter la rébellion avant qu'elle ne commence !

L'officier a commandé aux Acadiens :

– Allez ! À la plage ! Les bateaux[9] vous attendent… Vous allez partir en direction des colonies britanniques immédiatement. Ne résistez pas. Toute résistance est futile !

Note historique

- Cette guerre s'appelle la Guerre de la Conquête ou la Guerre de Sept Ans.

- Les Acadiens avaient des terres très fertiles parce qu'ils avaient un système d'irrigation supérieur. Les autorités britanniques encourageaient la déportation des Acadiens pour donner leurs terres aux colons britanniques.

---

[9]*bateaux - boats*

Chapitre 5
Comme des animaux

le 27 octobre, 1755

Sur la plage, dans la baie de Fundy en Acadie

Bouleversées et terrifiées, Marie, sa famille, et toutes les personnes de son village ont quitté l'église et ont marché vers trois grands bateaux en direction de la plage.

– Avancez ! Du calme et de l'ordre ! ont crié les soldats.

Les soldats ont commencé à séparer la communauté en trois groupes. Sans compassion, beaucoup de familles ont été séparées et forcées à monter dans des bateaux différents. Soudain, c'était le chaos ! « Non ! Non ! », criaient les prisonniers. Les enfants criaient pour aller avec leurs parents et les parents criaient pour aller avec leurs enfants.

– Du calme ! Ne résistez pas ! ont ordonné les soldats anglais.

Soudain, un groupe de jeunes hommes acadiens a commencé à résister aux soldats anglais. Tout le monde a commencé à paniquer. C'était le chaos !

Le chaos était une grande distraction et Philippe a saisi[1] cette opportunité pour s'échapper.

[1] *a saisi - seized; took*

– Allons-y ! Courez ! À la forêt ! a crié Philippe à
   sa famille et il a commencé à courir.

– Philippe ! Non ! a dit son père qui avait peur.

À ce moment-là un soldat a levé son mousquet vers
Philippe. *BOUM !* Il y a eu une explosion et Philippe
est tombé par terre.

Marie a crié, horrifiée. Sa mère est tombée comme si
elle avait été frappée elle-même. Son père a relevé sa
mère et a crié au soldat :

– Mon Dieu ! Qu'est-ce que vous avez fait ?

Soudain, un soldat a saisi agressivement le bras[2] de
Marie et l'a séparée de ses parents.

– Non ! Ne me touchez pas ! Ne me touchez pas !
   a crié Marie, hystérique.

Marie a paniqué. Elle a frappé le soldat et elle a essayé de s'échapper. Elle a essayé de courir vers ses parents mais le soldat l'a saisie avec violence.

Son père a essayé d'aider Marie, mais à ce moment,
des soldats ont bloqué le passage de son père. Il ne pouvait plus aider Marie.

[2]*bras - arm*

– Papaaaaa ! a crié Marie, terrorisée.

Elle avait très peur et elle a pleuré hystériquement. La mère de Marie paniquait. Elle avait perdu Philippe et elle ne voulait pas perdre Marie non plus. Elle a imploré les soldats :

– S'il vous plaît ! Ne nous séparez pas.

– J'ai mes ordres ! a insisté un soldat.

Son père était furieux et résistait. Il voulait protége

sa famille… mais les Anglais avaient des mousquets.

– Arrêtez-vous ! a commandé le soldat, qui a levé son mousquet vers la mère de Marie. Arrêtez-vous ou je vais tirer sur elle[3].

Son père voulait résister mais c'était futile. Résister était trop risqué. Il ne voulait pas être responsable de l'assassinat de sa famille. Il se sentait désespéré. Marie continuait à crier à l'aide, mais il était impossible de l'aider.

– Pardonne-moi, Marie, a murmuré son père.

Et, en quelques secondes, les parents de Marie n'ont plus vu Marie. Ils entendaient ses appels à l'aide[4] mais ils ne la voyaient plus.

Et, en quelques minutes, les soldats anglais ont forcé Marie à embarquer sur un bateau. Ils ont forcé ses parents sur un autre bateau.

Marie, avec beaucoup de courage, a embarqué sur le bateau. Elle tremblait de peur et il était difficile de marcher. Sans compassion, les soldats ont saisi les exilés et les ont forcés sur les bateaux comme des animaux :

[3]*tirer sur elle - to shoot her*
[4]*appels à l'aide - calls for help*

– Dépêchez-vous ! ... 150, 151, 152... , a crié un soldat.

Marie avait très peur des soldats anglais. Elle s'est tournée vers son village et l'a regardé avec horreur. Elle n'en croyait pas ses yeux. Il y avait des soldats anglais avec des torches. Ils étaient en train de brûler[5] son village.

[5]*en train de brûler - in the process of burning*

Il y avait une lumière brillante sur le village. La lumière est devenue de plus en plus brillante… sa maison, sa communauté… sa vie, tout était en flammes.

> ### Note historique
>
> *- La déportation en masse des Acadiens s'appelle le Grand Dérangement. On estime qu'entre 10,000 et 15,000 Acadiens ont été déportés pendant la Guerre de la Conquête.*
>
> *- Il n'y avait pas de liste des passagers embarqués sur les bateaux, ils ont simplement compté les exilés acadiens.*
>
> *- 'Evangeline : A Tale of Acadie', par Henry Wadsworth Longfellow, immortalise la situation difficile des Acadiens pendant le Grand Dérangement. Evangeline, l'héroïne du poème, est devenue une figure symbolique importante.*

Chapitre 6
Une prison navale

le 27 octobre, 1755

Dans un bateau destiné aux colonies britanniques, sur la plage en Acadie

– À l'intérieur ! s'est écrié un officier.

Marie s'approchait de l'intérieur du bateau et chantait nerveusement. Chanter, c'était sa manière d'être courageuse. Marie continuait d'avancer et soudain elle s'est arrêtée juste devant l'intérieur du bateau. Elle était paralysée de peur. Elle a commencé à faire de l'hyperventilation.

Horrifiée, elle a réalisé que l'intérieur du bateau était tout noir. Elle a regardé le noir, prise de terreur[1]. Elle avait une phobie du noir et elle a commencé à paniquer. Elle avait peur pour sa vie.

« *Je ne peux pas respirer[2] ! Je vais suffoquer !* », s'est-elle écriée, paniquée, comme si elle était étranglée par l'obscurité[3].

À cet instant un soldat lui a saisi le bras.

– Vas-y ! Dépêche-toi ! lui a commandé le soldat, en forçant Marie dans le bateau avec les autres.

---

[1]*prise de terreur - terror-stricken*

[2]*respirer - breathe*

[3]*l'obscurité - the darkness*

35

Le noir et la claustrophobie faisaient suffoquer Marie et elle ne pouvait pas respirer. L'air ne circulait pas. Il n'y avait pas de fenêtres.

Marie n'était sans doute pas la seule personne qui souffrait. Dans l'obscurité, elle a entendu les cris des autres victimes de la déportation et leurs cris hystériques torturaient Marie. Marie s'est couvert les oreilles pour bloquer leurs cris, mais il était impossible d'échapper à la terreur.

Elle a fermé les yeux pour échapper à l'obscurité. Mais quand elle a fermé les yeux, elle a vu Philippe et ses parents. L'image de Philippe par terre et la séparation de ses parents torturaient Marie.

Alors que beaucoup d'autres victimes embarquaient, les cris s'intensifiaient. Bientôt, le bateau était extrêmement surchargé[4] et il était impossible de bouger[5] sans toucher une autre personne.

Dans l'obscurité, Marie a entendu un soldat crier :

– Faites de la place[6] !

Les victimes continuaient d'embarquer et bientôt, Marie a senti le bateau qui commençait à bouger. Le bateau a pris la mer[7] et les passagers captifs étaient frappés de terreur. « *Dieu, aide-moi !* », s'est dit Marie.

Le bateau bougeait et bientôt il a commencé à bouger violemment. Marie est tombée malade. Toutes les personnes sur le bateau sont tombées aussi malades. « *Ah*

[4]*surchargé - overfilled; overcrowded*
[5]*bouger - move*
[6]*faites de la place - make room*
[7]*a pris la mer - set sail*

non ! J'ai la nausée. Je vais vomir », a pensé Marie. Bientôt, une prisonnière a vomi. Immédiatement, Marie a aussi commencé à vomir. Elle a vomi encore et encore. Tout le monde vomissait. L'odeur putride de vomi l'a étranglée.

Marie avait peur. Elle avait peur de mourir… et peur de vivre. Elle pensait : *« Je préfère la mort à cette misère. »*

Elle ne pensait pas qu'elle pourrait survivre une minute de plus. Comment survivrait-elle cette nuit ?

Note *historique*

- *Les soldats britanniques ont séparé les familles et communautés. Ils les ont forcés à embarquer sur des bateaux dont les destinations exactes étaient gardées secrètes.*

- *Pour transporter le plus grand nombre d'exilés, ils ont modifié beaucoup de bateaux. Ils ont enlevé le ballast et le plancher[8] intérieur pour les remplacer avec plus de petits niveaux[9] de 1.2 mètres. Les prisonniers étaient empilés[10] et ne pouvaient pas bouger. Les bateaux étaient surchargés.*

---

[8]*ont enlevé le ballast et le plancher - removed the ballast and the floor*

[9]*niveaux - levels*

[10]*empilés - piled in*

Chapitre 7
Un camp de réfugiés

le 10 novembre, 1755

Une forêt dans la vallée de la rivière Miramichi, à l'ouest de l'Acadie, en Nouvelle-France

Dans un camp de réfugiés, une jeune femme s'occupait[1] d'un jeune homme qui était inconscient. Il y avait deux semaines qu'il était arrivé avec son ami. Il y avait deux semaines qu'il était inconscient. La jeune femme a touché sa tête.

– Aïe ! a murmuré le patient.

– Ça va, lui a dit la jeune femme.

Le jeune homme était en train de reprendre connaissance[2]. Il a commencé à se lever.

– Ne te lève pas, a dit la jeune femme calmement.

– Tu as souffert de brûlures[3] horribles.

Quand le jeune homme a ouvert les yeux, il a vu la jeune femme. La jeune femme était en train d'examiner ses brûlures.

– Qui es-tu ? Où suis-je ? a demandé le patient, confus. Où est ma famille ?

Le jeune patient était désorienté. Il ne savait pas ce

[1]s'occupait - was taking care of
[2]en train de reprendre connaissance - regaining consciousness
[3]brûlures - burns

qui s'était passé. La jeune femme a dit à son assistante :

– Dépêche-toi ! Va chercher l'ami du patient.

Bientôt, son assistante est arrivée avec l'ami du patient.

– Quel miracle que tu sois encore en vie ! s'est
écrié l'ami.

– Euh… que s'est-il passé ? lui a demandé le jeune patient, toujours désorienté.

– Tout a commencé quand les Anglais ont attaqué notre village. Puis, les soldats anglais nous ont forcés à aller vers des bateaux destinés aux colonies britanniques. Alors, nous avons essayé de nous échapper… mais à ma grande surprise ils ont tiré sur toi. Tu es tombé par terre. Ils ont essayé de tirer sur moi aussi et j'ai couru, couru. À ce moment-là, des soldats ont commencé à brûler le village. J'ai regardé, horrifié, pendant que tout brûlait. Après le départ des soldats, je suis retourné pour t'aider. Malheureusement, tu as souffert de graves brûlures. Je t'ai transporté ici, dans ce camp de réfugiés. C'est un miracle que tu sois encore en vie !

Claire, la jeune femme qui s'occupait de Philippe a dit d'une voix grave :

– Philippe, Luc a risqué sa vie pour toi !

Peu après, Luc est parti. Il a quitté le camp de réfugiés pour aider la milice[4] acadienne. Philippe est resté au camp pour récupérer de ses brûlures. Claire a continué à s'occuper de Philippe.

Quand Philippe est devenu plus fort, un officier français s'est approché :

– Nous avons besoin de vous, a déclaré l'officier français à Philippe.

– De moi ? a demandé Philippe avec surprise.

– Oui. De vous. Je suis le Lieutenant Boishébert. J'organise une milice acadienne. La milice a besoin de votre aide. Qu'en pensez-vous ? a demandé le lieutenant.

Philippe lui a répondu avec hésitation :

– Euh... mais... je dois partir... je dois retrouver ma famille.

– Votre famille ? Où est votre famille ? a demandé le Lieutenant Boishébert.

– Eh bien... Je ne le sais pas exactement. Ils étaient

[4]*milice - militia*

en Acadie mais les Anglais les ont déportés. Ils les ont forcés à monter sur des bateaux, mais je ne sais pas où les bateaux sont allés, a expliqué Philippe.

– Beaucoup d'Acadiens sont morts sur les bateaux ou dans l'océan. Je doute qu'ils soient encore en vie, a répondu le lieutenant d'une voix grave.

Note historique

- On estime que plus de 3,000 réfugiés se sont échappés vers Québec ou vers d'autres territoires français. Il y avait quelques camps de réfugiés, comme le camp d'Espérance dans la vallée de la rivière Miramichi. Les réfugiés vivaient dans une grande misère et beaucoup d'entre eux sont morts de froid, de faim, et de maladies diverses.

- La milice acadienne, avec l'aide des Micmacs, a aidé à évacuer des familles acadiennes en danger de déportation vers des camps de réfugiés.

Chapitre 8
Une crise humanitaire

novembre, 1755

Sur un bateau, en route vers les colonies britanniques

La misère extrême et les conditions à bord du bateau-prison étaient intolérables. Marie devenait de plus en plus faible[1].

Un jour, un soldat anglais a saisi le bras de Marie et lui a dit :

– Lève-toi. On y va.

Marie est allée avec le soldat et il l'a transférée dans une autre partie du bateau. Marie l'a imploré :

– S'il vous plaît, je suis malade.

À ce moment-là, Marie a entendu une voix familière :

– Marie ? Marie ! C'est-toi ?

C'était sa cousine, Anne.

– Anne ! a crié Marie avec émotion.

– Marie ! Dieu merci, tu es en vie ! a dit la voix de sa cousine, Charlotte.

– Charlotte ! Anne ! Dieu merci ! Vous êtes en vie ! s'est exclamée Marie.

Charlotte et Anne ont pris Marie dans leurs bras aussi fort qu'elles le pouvaient et toutes les trois ont commencé à pleurer.

[1]faible - feeble, weak

Les jours passaient, les cousines aidaient Marie et les trois s'encourageaient mais la présence et l'encouragement de ses cousines n'étaient pas suffisants pour aider Marie. Une semaine après, Marie est devenue encore plus faible. Elle ne pouvait pas manger à cause du mal de mer[2] et du stress. Sa santé[3] a commencé à se détériorer.

[2]*mal de mer - sea sickness*
[3]*sa santé - her health*

De jour en jour Marie devenait de plus en plus faible. Anne et Charlotte voyaient Marie se détériorer rapidement. Anne et Charlotte avaient peur. Elles savaient que Marie mourrait[4] si elle ne mangeait pas.

Un jour, un soldat a saisi Marie. Il l'a relevée parce qu'elle était trop faible.

– Où allez-vous avec ma cousine ? a demandé Anne.

– Sur le pont[5] où tous les autres malades se trouvent, a répondu le soldat.

« Mon Dieu ! », s'est dit Anne. « Il est urgent que nous arrivions bientôt ou Marie va mourir ! »

Finalement, après plus de 15 jours de voyage, les bateaux sont entrés dans le port de Williamsburg, dans la colonie de la Virginie.

Quand les bateaux sont enfin entrés dans le port, Marie était trop faible et elle ne pouvait pas se lever. Elle a pensé : « Dieu merci ! Je n'aurais pas pu survivre[6] une minute de plus ! »

[4]mourrait - would die
[5]pont - bridge; deck
[6]Je n'aurais pas pu survivre - I could not have survived

Note historique

- Entre 1755 et 1758 les Acadiens étaient déportés vers les colonies maritimes britanniques du Massachusetts, du Rhode Island, du Connecticut, de New York, de Pennsylvanie, du Maryland, de Géorgie et des Carolines.

- Beaucoup d'exilés ont été déportés et abandonnés. Quelques colons britanniques étaient charitables, mais en général, les Acadiens ont souffert d'hostilité, d'oppression, et d'autres formes de discrimination dues à la francophobie pendant leur exil dans les colonies britanniques.

Chapitre 9
Le cauchemar[1] continue

le 27 novembre, 1755

Sur un bateau, au port de Williamsburg en Virginie

[1]cauchemar - nightmare

– Pas de permission de débarquer[2] ? De quoi par-
lez-vous ? J'ai ordre de transporter les exilés ici, a
dit le capitaine du bateau, irrité.

– Des exilés ? Nous n'avons pas été informés de
votre arrivée[3]. Vous avez besoin de la permission
du gouverneur pour débarquer, a répondu le capitaine du port.

L'arrivée des Acadiens était une surprise pour les autorités. Malheureusement, les autorités avaient bloqué
les bateaux au port. Les exilés n'avaient pas l'autorisation de débarquer. Marie attendait désespérément de
débarquer de cette prison navale. Quelle agonie !

C'était la fin novembre et les conditions à bord des
bateaux continuaient à se détériorer. Deux semaines
plus tard, toujours bloqué au port, le Père LeBlanc ne
supportait plus l'extrême souffrance des Acadiens.

– Capitaine, les Acadiens souffrent. C'est une situation encore plus terrible que la mort. C'est un

[2]*débarquer - disembark; leave the ship*
[3]*arrivée - arrival*

crime contre l'humanité ! L'hiver[4] arrive et il fait très froid. Les Acadiens ont faim et froid. Comment survivront-ils l'hiver ?

Le capitaine, qui n'était pas content non plus de la situation, a répondu :

[4]*l'hiver - winter*

— Je ne peux rien faire. Nous sommes bloqués au port à cause du gouverneur de Virginie. Le gouverneur refuse l'entrée des exilés... et les colons britanniques ne veulent pas d'exilés dans leurs communautés non plus. Je suis désolé.

Par conséquent, les bateaux étaient toujours bloqués au port cet hiver-là. Beaucoup d'exilés étaient malades. De jour en jour, de plus en plus de personnes tombaient malades à cause de la malnutrition et des mauvaises conditions d'hygiène. Ils avaient des problèmes de santé et Marie ne faisait pas exception. Les personnes fragiles étaient les premières à mourir et Marie était fragile.

Ses cousines essayaient d'encourager Marie, mais Marie leur a répondu :

— Je veux rejoindre Philippe. Je veux mourir.

Elle pensait que tout était futile. Marie était trop malade pour tolérer cette souffrance.

Marie et ses cousines étaient en mauvaise condition physique. Elles souffraient terriblement. Elles mouraient de froid et de faim.

Un jour, alors que les exilés étaient très faibles et vulnérables, ils ont été frappés par une épidémie. Ils mouraient les uns après les autres.

Marie et Anne étaient terriblement malades et tremblaient de fièvre pendant des jours et des jours. Une nuit, après beaucoup de jours de fièvre, Marie, qui n'en pouvait plus[5], a dit :

– Tu sais que je suis contente que Philippe soit mort. Il ne souffre plus. Je préférerais mourir que de continuer à vivre ce cauchemar.

Anne ne lui a pas répondu. Anne était froide. Froide et rigide.

– Anne ? ... ANNE !

[5]*n'en pouvait plus - couldn't take it anymore*

Marie a regardé le corps sans vie d'Anne. Elle est devenue hystérique et elle a crié :

– Mon Dieu, noooooooon !

Charlotte est morte deux jours plus tard. Comment pourrait-elle survivre sans Anne et Charlotte ?

Petit à petit il y avait plus de place dans les bateaux-prison. Les morts avaient de la chance. Seuls les cadavres pouvaient débarquer du bateau. Les morts ne souffraient plus.

> **Note historique**
> - En 1755 le gouverneur de Virginie a refusé d'accepter les exilés acadiens déportés au port de Williamsburg. En plein hiver et sans permission de débarquer, plus de 1000 exilés sont restés sur des bateaux surchargés pendant 4 mois. La majorité d'entre eux sont morts pendant cette période.

Chapitre 10
Un voyage difficile

mars, 1756

Au port de Williamsburg, dans la colonie de Virginie

– Écoutez-moi ! Nous ne pouvons plus confiner les exilés dans ces bateaux… c'est cruel ! Il y a 4 mois que les exilés sont bloqués ici ! a insisté le capitaine du bateau de Marie.

– Les exilés ne peuvent plus rester ici. Transportez-les en Angleterre ! lui a répondu le gouverneur.

– En Angleterre ? Ce ne sont pas des animaux ! Ce sont des êtres humains ! Cela est inhumain et barbare ! La majorité des passagers sont morts et les autres ont des problèmes de santé, s'est exclamé le capitaine. Il implorait le gouverneur.

– C'est la guerre ! a répondu le gouverneur, froidement.

– Nous ne pouvons pas faire le voyage à bord de ce bateau, a insisté le capitaine.

– Sans doute ! Vous avez besoin d'un plus grand bateau. Les exilés peuvent débarquer… mais uniquement pour changer de bateau, lui a répondu le gouverneur.

Finalement, après 4 mois au port, les exilés ont débarqué de leur prison navale. Au moment où Marie débarquait elle avait des difficultés à marcher. Elle a commencé à tomber. Elle ne pouvait marcher qu'avec l'aide d'une autre personne.

Quand elle est descendue, Marie a commencé à chercher ses parents, mais personne ne[1] savait où ils se trouvaient. Marie n'en pouvait plus. À ce moment-là un jeune homme a crié son nom.

– Marie !? s'est écriée une voix familière.

Marie n'en croyait pas ses yeux. C'était Victor ! Elle avait retrouvé Victor, un ami de Philippe.

– Victor ! s'est exclamée Marie. Tu es en vie ! Dieu merci !

Victor a regardé Marie et il a remarqué que Marie était faible. Il ne savait que dire alors il lui a demandé :

– Comment vas-tu ?

– Fatiguée ! Je suis fatiguée, Victor. Je ne sais pas si je vais survivre un autre voyage, a répondu Marie.

Ils attendaient le moment d'embarquer sur un bateau. Il y avait trois bateaux : le Violet, le Ruby et le Duke William.

[1]personne ne - no one

Soudain, un soldat a saisi le bras de Marie et lui a ordonné :

– Au Duke William !

Alors, un autre soldat a ordonné à Victor :

– Au Ruby !

Marie a commencé à pleurer. *« Je ne peux pas faire le voyage sans Victor ! »*, pensait Marie. Marie était sur le point d'embarquer quand un homme a saisi le bras de Marie. C'était Victor !

– Victor ! Que fais-tu ici ?!

– Chut ! … ne parle pas, a répondu Victor.

Avec Victor sur le bateau, Marie se sentait plus en sécurité et elle était enfin capable de dormir. Marie dormait au moment où le bateau a quitté la colonie de la Virginie. L'océan était calme, et Marie dormait bien.

Peu après leur départ une tempête[2] est arrivée. C'était comme une explosion. La mer est devenue violente et a ravagé les bateaux. Le voyage était extrêmement difficile, et bientôt, les bateaux en route pour l'Angleterre ont été séparés.

– Où sont les autres bateaux ? a demandé le capitaine, alarmé.

Le capitaine les cherchait, mais il ne pouvait pas trouver les autres bateaux. Le capitaine a saisi son télescope et a encore observé la mer. Soudain, un soldat s'est exclamé avec horreur :

– Capitaine ! Capitaine ! Il y a beaucoup d'eau dans le bateau !

[2]*tempête - storm*

À l'intérieur du bateau, Marie dormait. Soudain, elle a entendu la voix de Victor :

– Marie ! Marie ! Lève-toi ! Nous devons nous échapper immédiatement.

Marie savait qu'ils étaient en grand danger. Elle a entendu des cris. L'eau entrait rapidement dans le bateau. Marie avait peur de mourir.

– Victor ! s'est exclamée Marie, les yeux pleins de terreur. Aide-moi !

– Marie ! Prends ma main ! a crié Victor.

Marie a essayé de saisir la main de Victor, mais elle ne pouvait pas la prendre. Victor a essayé de saisir Marie. L'eau continuait d'entrer dans le bateau et Marie a paniqué.

Enfin ! Victor a saisi la main de Marie ! Mais seulement un instant. Victor a regardé en vain pendant que Marie a plongé dans l'eau.

> **Note historique**
>
> *- Quelques Acadiens déportés vers les colonies britanniques se sont échappés et sont retournés en Acadie. Donc, à partir de 1758, tous les exilés capturés en Acadie ont été déportés vers la France ou en Angleterre.*
>
> *- Beaucoup de bateaux de déportation, comme le Violet et le Duke William, ne sont jamais arrivés à destination à cause de divers incidents tragiques qui ont finalement décimé des familles et des communautés entières.*

Chapitre 11
Un moment crucial

mai,1756

Une forêt, en Nouvelle-France

Philippe a quitté le camp de réfugiés et il est allé au camp de milice. Il était jeune et sans expérience. Il voulait défendre l'Acadie, mais il était complètement ignorant des horreurs de la guerre. Quand Philippe a été face à face avec la réalité de la guerre et ses atrocités, il n'était pas du tout préparé à cette brutalité.

Le premier jour, Philippe s'est trouvé dans une situation violente. Il a dû tuer[1] un homme.

Des milices acadiennes avançaient vers l'ennemi et soudain, Philippe a vu un compagnon d'armes d'une autre division de la milice qui était en danger. Un soldat anglais courait vers cet homme de l'autre division. Le soldat anglais a essayé de tuer le camarade avec sa bayonnette. Philippe a levé son mousquet et *BOUM* ! d'un geste automatique, il a tiré sur le soldat anglais. Le soldat est tombé par terre et Philippe a commencé à trembler.

– Est-ce que je l'ai tué ? Vraiment ? Est-ce que j'ai tué un homme ?!

Philippe se sentait faible et a essayé de courir vers son camarade.

[1]a dû tuer - had to kill

– Tu vas bien ?! a-t-il demandé à son camarade.

Le camarade a regardé Philippe avec surprise et émotion :

– Philippe ? C'est toi ?! Que fais-tu ici ?

– Marc ?! Je suis membre de la Résistance. Et toi ?
On a dit que tu étais un traître de l'Acadie. Est-ce
que j'ai vraiment tué un homme... pour un traître ?

– Je ne suis pas traître ! J'ai quitté l'Acadie pour
protéger la communauté. Je suis parti sans parler

à Marie pour la protéger ! Je me sentais horriblement mal... je ne voulais pas partir sans parler à Marie, mais il n'y avait pas d'autre option.

Philippe écoutait avec intérêt mais confus. Marc a continué à expliquer :

– J'aidais la Résistance en secret. Personne ne le savait. Je ne l'ai dit à personne, même pas à Marie. Je ne pouvais le dire à personne parce que c'était trop dangereux. Je transportais un message au village. J'avais besoin de transporter le message au Père LeBlanc, mais les soldats anglais m'ont intercepté. Ils m'ont chassé et j'ai dû sauter dans la rivière. J'ai pensé que j'allais mourir mais par miracle, je suis arrivé au village en secret. J'ai donné le message au Père et peu après, j'ai dû courir pour sauver ma vie. J'ai dû partir rapidement pour protéger la communauté aussi.

Philippe se sentait mal parce qu'il avait cru[2] aux rumeurs de Marc. Marc n'était pas un traître ! Marc était un héros !

[2]il avait cru - he had believed

– Philippe, où est Marie ? lui a demandé Marc d'une voix triste.

– Je ne sais pas. J'ai entendu dire qu'elle avait été déportée en Virginie, mais le gouverneur n'a pas permis aux exilés de débarquer des bateaux. Alors, les exilés ont été déportés en Angleterre. Il y avait trois bateaux, mais un bateau s'est perdu dans la mer. Personne ne sait ce qui est arrivé aux exilés. Je ne sais pas si Marie est morte ou vivante.

– Je suis si triste, Philippe. Je suis si triste, lui a répondu Marc, d'une voix pleine d'emotion.

Pendant des années, la guerre a continué. Année après année, Philippe et ses camarades ont continué à participer à la Résistance. On voyait que ces années de guerre étaient difficiles et que Philippe était en mauvaise santé. La triste réalité était que tous les raids et les batailles avaient eu[3] de mauvaises conséquences sur Philippe et sur Marc aussi.

---

[3]*avaient eu - had had*

Un an après avoir retrouvé Marc, Philippe a retrouvé Luc ! Luc combattait avec la milice dans une autre région. Philippe était très content de retrouver son bon ami, mais tragiquement, après seulement deux jours, Luc a été tué dans une bataille. Philippe était bouleversé.

Des mois après la mort de Luc, la milice a reçu un message : *«Les Britanniques vont débarquer à Québec. Allons-y ! »*

C'était un moment crucial. La milice devait arrêter l'armée britannique ! S'ils ne pouvaient pas l'arrêter, l'Acadie et la Nouvelle-France... seraient finies[4].

Note historique

- La milice acadienne et leurs alliés amérindiens ont combattu ensemble. Ils ont attaqué l'ennemi en route, ont fait des raids sur leurs forts et ont participé à de nombreuses batailles. Les forces amérindiennes étaient des alliés importants dans la défense de la Nouvelle-France.

---

[4]*seraient finies - would be finished*

Chapitre 12
Le début de la fin

le 13 septembre, 1759
Les Plaines d'Abraham, dans la ville de Québec

Les forces britanniques sont arrivés en secret à Québec en bateau. Elles ont débarqué pendant la nuit pendant que tous les Français dormaient. Les Britanniques ont pris l'armée française par surprise.

> – LEVEZ-VOUS ! a crié un commandant de l'armée française. L'ennemi attaque ! AUX ARMES !

BOUM ! BOUM !

> – Mon Dieu ! La bataille a commencé ! s'est exclamé Marc.

> – Vite ! a crié Philippe, alarmé et il a saisi son mousquet rapidement.

Soudain, il y a eu une explosion de bombardements :

des canons, des mousquets... et des cris hystériques. Quelque chose a frappé Marc et il est tombé par terre. Philippe n'avait pas le temps d'aider Marc et il a couru vers l'ennemi.

BOUM! BOUM! BOUM! Le plus vite possible Philippe et les autres sont arrivés sur scène. Ils étaient horrifiés par la vue, c'était un vrai carnage! Il y avait beaucoup de morts. Le conflit avait été intense mais bref, seulement 30 minutes. Pendant les 30 minutes de conflit, le général britannique avait été tué. Ironique-

ment, les forces françaises avaient aussi perdu leur général, mais à la fin, les forces britanniques avaient été
victorieuses.

L'armée britannique a pris la ville de Québec et, peu
après, la France a perdu la guerre. La Nouvelle-France :
c'était fini ! L'Acadie : c'était fini ! Beaucoup d'Acadiens
n'avaient nulle part[1] où aller. Les Britanniques avaient
pris[2] leurs terres et leurs possessions. Ils n'avaient absolument rien.

– Mon Dieu ! Qu'est-ce que nous allons faire ? a
dit Marc.

– Euh… On dit que beaucoup d'Acadiens sont
allés à la Nouvelle-Orléans, alors moi, je pense
que je vais aller à la Nouvelle-Orléans, a répondu Philippe, fatigué par toutes ces années de
guerre.

– C'est une bonne idée. Allons-y, Philippe ! Allons
chercher nos familles. Allons chercher Marie, a
dit Marc avec une voix pleine d'émotion.

– Nous n'avons rien à perdre… et tout à trouver !

[1] nulle part - nowhere
[2] avaient pris - had taken

Note historique

- La bataille des Plaines d'Abraham était le début de la fin de la Guerre de la Conquête. Cette guerre a changé le cours de l'histoire au Nouveau Monde. La France a cédé tout le Canada et les territoires français à l'est du Mississippi à l'Angleterre. En 1762, avant la fin de la guerre, la France a donné le territoire de la Louisiane à l'Espagne.

- On estime qu'au minimum un Acadien sur trois est mort pendant la guerre. La majorité des familles séparées ne se sont jamais retrouvées.

- Après la guerre, peu d'Acadiens sont rentrés en Acadie. Le gouvernement a donné leurs terres fertiles aux colons britanniques.

- Après la guerre, les exilés déportés en Angleterre ont été transférés en France. Malheureusement, beaucoup d'entre eux sont morts avant la fin de la guerre à cause de maladies diverses.

Chapitre 13
Sur le bayou

avril, 1766

Un bayou, à l'ouest de la Nouvelle-Orléans

C'était un voyage long et difficile en direction de la Nouvelle-Orléans. Un groupe de 200 Acadiens est allé à la Nouvelle-Orléans en bateau. Beaucoup d'Acadiens y sont allés pour retrouver leurs familles et pour refaire leur vie[1].

Philippe était nerveux. Il ne savait pas si sa famille était en vie ou morte, mais il était déterminé. Philippe savait que beaucoup d'Acadiens étaient morts, mais il essayait d'être optimiste.

Marc n'était pas optimiste. Son père avait été exécuté par l'armée anglaise parce que Marc avait alerté les Acadiens de l'invasion. Marc se sentait horriblement mal et avait peur de savoir ce qui était arrivé au reste de sa famille.

Ils ont cherché leurs familles et tristement, Marc a reçu une nouvelle tragique : sa famille était morte. Il était bouleversé d'entendre la nouvelle.

– Toi et Marie êtes la seule famille qui me reste.

– Je suis désolé, lui a dit Philippe d'une voix triste.

[1] *refaire leur vie - to start a new life; rebuild their life*

– Allons-y, Philippe ! Nous devons retrouver ta famille.

Marc essayait d'être optimiste pour Philippe et pour lui-même. Il voulait retrouver Marie.

Finalement, après 2 semaines, Philippe a reçu une nouvelle : à sa grande joie, Philippe a retrouvé son père. Malheureusement, sa mère était morte et Marie… on n'avait pas de ses nouvelles. C'était horrible de vivre sans rien savoir.

Tout le monde cherchait sa famille, mais il y avait

beaucoup d'Acadiens qui n'ont pas retrouvé un seul membre de leur famille. C'était tragique, mais ils devaient continuer à vivre.

Marc, Philippe et son père ont décidé de reconstruire leur communauté à l'ouest de la Nouvelle-Orléans. Ils étaient sur le point d'abandonner la recherche de Marie quand ils ont reçu une nouvelle : 7 ans avant, Marie avait passé du temps avec un groupe d'exilés. Ils étaient en train d'être transportés vers l'Angleterre à bord d'un bateau anglais. Il y avait trois bateaux, mais un des bateaux s'était perdu en mer. Personne ne savait dans quel bateau Marie se trouvait.

– Marie est en vie ?! C'est possible ! a crié le père de Marie avec joie.

– Oui, c'est possible ! a répondu Marc d'une voix pleine d'émotion.

Marc était content !

– Les Britanniques m'ont pris toutes mes possessions et ma terre, mais ils ne pouvaient pas me prendre mon amour.

    Alors, Marc est allé au port à la Nouvelle-Orléans pour attendre le premier bateau français. Il est allé chercher Marie.

Note historique

- *Quand des Acadiens ont immigré près de la Nouvelle-Orléans, le gouvernement espagnol leur a donné des terres et des provisions.*

- *Joseph 'Beausoleil' Brossard (Broussard), héros de la Résistance acadienne, est allé à la Nouvelle-Orléans accompagné d'à peu près 200 Acadiens pour refaire sa vie.*

- *La région de la Nouvelle-Orléans avait une population très diverse. Par conséquent, la culture acadienne s'est transformée et son nom aussi. Le nom "Acadien" est devenu "Cadien" ou "Cajun" en anglais.*

Glossaire

A

a - has

(il y) a - there is; there are

à - at; to; with; for

à cause de/du - because of

abandonner - to abandon

(ont été) abandonnés - (were) abandoned

absolument - absolutely

absurde - absurd

Acadie - Acadia

Acadien(s) - Acadian person; from Acadia

acadienne(s) - Acadian; from Acadia

accent - accent

accepter - to accept

accompagné - has accompanied

(a) accompagné - accompanied

agitée - agitated; rough water

agonie - agony

agressivement - aggressively

ah - oh

ai - have

aidais - was helping

aidaient - were helping

aide - help; aid; is helping; helps

(a) aidé - helped

(ont) aidé - helped

aider - to help

aïe - ouch

air - air

alarmé(e) - alarmed

(avait) alerté - (had) alerted

allaient - were going

allais - was going

allait - was going

(est) allé(e) - went

allégeance - allegiance

aller - to go

(sont) allés - went

allez - are going

allez ! - go!

alliés - allies

allons - going; are going

Glossaire

allons-y - let's go

alors - so

alors que - while; when

amérindien(ne)s - American
    Indian; Native Ameri-
    can

Amérique du Nord - North
    America

ami(s) - friend(s)

amour - love

an(s) - year(s)

(avait) ___ ans - (was) ___
    years old

ancienne - former; ancient

Anglais - English people

anglais(e) - English

Angleterre - England

animaux - animals

année(s) - year(s)

(s')appelle - is called

appels - calls

s'approchait - was ap-
    proaching

(s'est) approché - ap-
    proached

après - after

après avoir - after having

armée - army

armés de - armed with

armes - arms; weapons

(aux) armes ! - to arms!

arrête - stops

(s'est) arrêté(e) - stopped

arrêter - to stop

arrêtez - stop

arrivait - was arriving; was
    coming

arrivait à - managed to;
    could

arrive - is arriving; is coming

(était) arrivé - (had) arrived

(suis) arrivé - arrived

(est) arrivé(e) - arrived; hap-
    pened

(sont) arrivé(e)s - arrived

arrivée - arrival

arriver - to arrive

(étaient) arrivés - (had) ar-
    rived

arrivions - we arrive

assassinat - assassination

assistance - assistance

assistante - assistant

athlétique - athletic

Atlantique - Atlantic

84

atrocités - atrocities
attaque(s) - attack(s)
attaque ! - attack!
(ont) attaqué - attacked
attaquent - are attacking
attaquer - to attack
attendaient - were waiting for
attendait - was waiting for
attendent - are waiting for
attendre - to wait for
attention - attention
au - to; to the; at the; with
aussi - also; too; as
automatique - automatic
autorisation - authorization
autoritaire - authoritative
autorités - authorities
autre(s) - other(s)
aurais - could have; would have
aux - the; to the; with
avaient - had
avais - had
avait - had
(il y) avait - there were; there was
avançaient - were advancing

avancer - to advance
avancez ! - advance!; move forward!
avant - before
avec - with
avez - have
avoir - to have
(après) avoir - (after) having
avons - have
avril - April

B

baie - bay
ballast - ballast
bam ! - bam!
barbare - barbaric
barrière - barrier
bataille(s) - battle(s)
bateau - boat; ship
bateaux - boats; ships
bayonnette - bayonet
bayou - bayou
beaucoup - much; very much; a lot
beaucoup de monde - a lot of people; many people

belle - beautiful

besoin - need

(avoir) besoin de - to (have) need of

bien - well

bientôt - soon

bizarre - bizarre; strange; odd

bloqué - blocked

(avaient) bloqué - (had) blocked

(ont) bloqué - blocked

(étaient) bloqués - (were) blocked

(sommes) bloqués - (are) blocked

(sont) bloqués - (have been) blocked

bloquer - to block

bombardements - bombing; shelling

bon - good

bonjour - hello; good day

bonne(s) - good

(à) bord - aboard; (on) board

bougeait - was moving

bouger - to move; to budge

bouleversé(e)(s) - devastated; upset

bras - arm

bref - brief

Bretagne - Brittany

brillante - brilliant

Britanniques - British people

britannique(s) - British

brûlait - was burning

brûler - to burn

brûlures - burns

brutalité - brutality

C

c'est - it is; that is; s/he is

c'était - it was; he was

cadavres - cadavers

Cadien - Cajun person

calme - calm

calmement - calmly

(se) calmer - to calm (herself) down

camarade(s) - comrade(s); friend(s)

camp(s) - camp(s)

canons - canons

capable - capable

capitaine - captain

capitaine de port - harbor-
master

captifs - captive

capturés - captured

carnage - carnage; massacre

Carolines - Carolinas (North
and South Carolina)

cauchemar - nightmare

(à) cause de - because of

(à) cause du - because of
the

ce - this; that

ce dont - what

ce que/qu' - what

ceci - this

cédé - ceded; gave up

cela - that

certainement - certainly

certain(e)(s) - certain

ces - these; those

cet - that; this

cette - this; that

chance - luck; chance

(a) changé - changed

changer - to change

chantait - was singing

chanter - to sing

chaos - chaos

charitables - charitable

(m'ont) chassé - chased (me)

cherchait - was looking for;
looked for

(ont) cherché - looked for

cherchent - are looking for

chercher - to look for

chut - shh

circulait - was circulating

claustrophobie - claustro-
phobia

collaborateur - collaborator

colonie - colony

colonies - colonies

colons - colonists

combatifs - combative; ag-
gressive

combattait - was fighting;
combatting

combattre - to fight; to com-
bat

(ont) combattu - fought

commandant - commander

(a) commandé - com-
manded; ordered

comme - like; as

commençait à - began; was beginning to

commence - begins; starts; commences

(a) commencé - began; started to

(ont) commencé - began; started to

comment - how

communauté - community

communauté(s) - communities

compagnon d'armes - comrade in arms, fellow soldier

compassion - compassion

complètement - completely

compléter - to complete

comprends - understand; comprehend

(ont) compté - counted

condition(s) - condition(s)

confiner - to confine

conflit - conflict

(se) conforme - conform (itself) be like

(vous) conformez - conform (yourselves), be like

confus(e) - confused

confusion - confusion

congrégation - congregation

connaissance - consciousness

conséquences - consequences

(par) conséquent - consequently

(se) considéraient - considered (themselves)

considère - considers

conspirateur - conspirator

conspire - conspires; is conspiring

content(e)(s) - happy; content

continuaient - continued; were continuing

continuait - continued; was continuing

continue - continue; continues

(a) continué - continued

(ont) continué - continued

continuer - to continue

contre - against

contrôlé(s) - controlled

conviction - conviction

corps - body

courage - courage

courageuse - courageous

courageux - courageous

couraient - were running

courait - was running

courent - running; circulating (rumors)

courez ! - run!

courir - to run

courrier - courier; messenger

cours - course

cours ! - run!

couru - ran

(a) couru - ran

(ai) couru - ran

cousine(s) - cousin(s)

(s'est) couvert - covered

criaient - were shouting; shouted

(a) crié - shouted; yelled; screamed

(ont) crié - shouted; yelled; screamed

crier - to shout; scream; cry out

crime - crime

cris - cries; shouts

crise - crisis

croire - to believe

crois - believe

croyait - believed

(avait) cru - had believed

crucial - crucial

cruel - cruel

culture - culture

D

d' - of; from; some; to (abbreviation of de before a vowel)

danger - danger

dangereux - dangerous

dans - in

de - to; of; from; some; by; with

débarquait - disembarked; was getting off

(ont) débarqué - disembarked; got off; landed

débarquer - to disembark; to land

début - beginning

(ont) décidé - decided

(ont) décimé - decimated

(a) déclaré - declared

défendre - to defend

défense - defense

(a) demandé - asked; demanded

dense - dense

départ - departure

dépêche-toi ! - hurry up!

(se) dépêcher - to hurry (herself)

dépêchez-vous ! - hurry up!

déportation - deportation

déporté(e)(s) - deported

(avait été) déportée - (had been) deported

déporter - to deport

(ont été) déportés - (were) deported

(les ont) déportés - deported (them)

derrière - behind

des - of the; some

(est) descendue - descended; went down

désespéré - desperate

désespérément - desperately

désolé - sorry

désorienté - disoriented

destination(s) - destination(s)

destiné(s) à - destined for; bound for

(se) détériorer - to deteriorate; to worsen

déterminé - determined

détestait - detested; hated

détestons - detest; hate

deux - two

devaient - had to; needed to

devait - had to

devant - in front of

devenait - was becoming; became

(est) devenu(e) - became

devons - must; have to

Dieu - God

différents - different

difficile(s) - difficult

difficultés - difficulties

dire - (to) say

direction - direction

discrimination - discrimination

(a) disparu - disappeared

disputées - disputed

distraction - distraction

dit - says

(a) dit - said

(s'est) dit - said (to her/himself)

divers - diverse; various

diverse(s) - diverse; various

division - division

dois - must

donc - so; consequently; therefore

(a) donné - gave

(ai) donné - gave

donner - to give

dont - of which

(ce) dont - what

dormaient - were sleeping

dormait - was sleeping

dormir - to sleep

doute - doubt

du - of the; from; some

(ai) dû - had to

dues à - due to

E

eau - water

échapper - to escape

(se sont) échappés - escaped

écoutait - listened; was listening

(s'est) écrié(e) - exclaimed; shouted; yelled

église - church

eh (bien) - well

elle - she

elle-même - herself

elles - they

embarquaient - were embarking; were boarding

(a) embarqué - embarked; boarded

embarquer - to embark; to board

embarqués - embarked; boarded

émotion - emotion

empilé - piled in; packed in

en - in; while; and; at the; by; about it; of it; some; it

encore - again; still; yet

encourageaient - encouraged

encouragement - encouragement

encourager - to encourage

énergie - energy

enfants - children

enfin - finally; at last

(ont) enlevé - took out; removed

ennemi - enemy

ennemies - enemies

ensemble - together

entendaient - heard

entendre - to hear

(a) entendu - heard

(ai) entendu - heard

enthousiaste - enthusiastic

entières - entire

entrait - was entering

entre - between; among

entrée - entry

entrer - to enter

(sont) entrés - entered

es - are

espace - space

Espagne - Spain

espagnol - Spanish

essayaient - were trying

essayait - was trying

(a) essayé - tried

(avons) essayé - tried

(ont) essayé - tried

est - east

est - is

est-ce que - is it that? (introduces a question)

estime - estimates

et - and

étaient - were

était - was

(a) été - was

(avaient) été - had been; were

(avons) été - have been

être - to be

êtres humains - human beings

(avait) eu - (had) had

(il y a) eu - (there) was

euh - um; uh

Europe - Europe

(entre) eux - (with) each other

exactement - exactly

exactes - exact

examiner - to examine

exception - exception

(s'est) exclamé(e) - exclaimed

(avait été) exécuté - had been executed

exil - exile

exilés - exiled

expérience - experience

(a) expliqué - explained

expliquer - to explain

exploser - to explode

explosion - explosion

extrême - extreme

extrêmement - extremely

F

face - face

faible(s) - feeble; weak

faim - hunger

faire - to make; do

faire de l'hyperventilation - to hyperventilate

fais - are doing

faisaient suffoquer - suffocated; were suffocating

(ne) faisait pas exception - was no exception

(ont) fait des raids - raided

faites - are doing

faites de la place ! - make room!

familière - familiar

famille - family

familles - families

fatigué(e) - tired

femme - woman

femmes - women

fenêtre(s) - window(s)

fermé - closed

fertiles - fertile

festive - festive

fête - celebration; party; feast

fièvre - fever

figure - figure

fin - end

finalement - finally

Glossaire

fini - finished

(seraient) finies - (would be) finished

flammes - flames

forçant - forcing

force - force

forcées - forced

(ont) forcé(s) - forced

forcer - to force

forces - forces

forêt - forest

forme(s) - form; shape; forms

(a) formé - formed

fort(s) - strong; forts (military)

fragile(s) - fragile

Français - French people

français(e)(s) - French

francophobie - francophobia, fear of the French

francophone(s) - francophone; French speaking

frappant - hitting

(a) frappé - hit

(ont été) frappés - (were) hit

(avait été) frappée - (had been) hit

frappés de terreur - terror-stricken

frère - brother

froid(e) - cold

(Il) fait froid - (it) is cold

froidement - coldly

frontière(s) - frontier(s); border(s)

furieuse - furious

furieux - furious

futile - futile; useless

G

gardées - kept; guarded

général - general

générations - generations

gentille - gentle; kind

Géorgie - Georgia

geste - gesture; movement

gouvernement - government

gouverneur - governor

grand(e)(s) - large; big; great

Grande-Bretagne - Great Britain

grave(s) - serious; grave

94

groupe(s) - group(s)
guerre - war

H

héroïne - heroine
héros - hero
hésitation - hesitation
histoire - history; story
historique - historic
hiver - winter
homme - man
hommes - men
horreur(s) - horror(s)
horrible(s) - horrible
horriblement - horribly
horrifié(e)(s) - horrified
hostiles - hostile
hostilités - hostilities
(êtres) humains - human
(beings)
humanitaire - humanitarian
humanité - humanity
humeur - mood; humor
hygiène - hygiene
(faire de) l'hyperventilation
- to hyperventilate
hystérique(s) - hysterical

hystériquement - hysteri-
cally

I

ici - here
idée - idea
ignorant - ignorant; unaware
il - he
ils - they
image - image
imbécile - imbecile
immédiatement - immedi-
ately
(ont) immigré - immigrated
imminent(e) - imminent;
about to happen
immortalise - immortalizes
impasse - impasse
impatience - impatience
implorait - was imploring;
was begging
(a) imploré - implored;
begged
important(e)(s) - important
impossible - impossible
incidents - incidents
inconscient - unconscious

Glossaire

incroyable - incredible; un-
believeable

indépendants - independ-
ent; autonomous

indigènes - indigenous, native

informateur - informer; in-
formant

(avons été) informés - have
been informed

(a) informés - informed

inhumain - inhumane

(a) insisté - insisted

instant - instant

intense - intense

(ont) intercepté - inter-
cepted

intérêt - interest

intérieur - interior; inside

intérieurement - internally;
on the inside

(a) interrompu - interrupted

intimidé - intimidated

intolérables - intolerable;
unbearable

invasion - invasion

ironiquement - ironically

irrigation - irrigation

irrité - irritated

J

j' - I

(ne…) jamais - never

je - I

jeune(s) - young

joie - joy

jour(s) - day(s)

(de) jour en jour - day by
day; from day to day

journée - day

juste - just

justifier - to justify

L

l' - the; it; her; him

la - the; her; it

là - there; then

lâche - coward

langue - language

le - the; him; it

les - the; them

leur - (to) them

leur(s) - their

(a) levé - raised

lève - get up; stand
lève-toi ! - get up!
(s'est) levée - (she) got up; stood
(se) lever - to get up; to stand
levez-vous ! - get up!
lieutenant - lieutenant
liste - list
lit - bed
long - long
Louisiane - Louisiana
lui - (to) him; (to) her
lui-même – himself; itself
lumière - light

M

m' - (to) me
ma - my
mai - May
main(s) - hand(s)
mais - but
maison - house
majorité - majority
mal - badly; poorly
(avait du) mal à - (had) difficulty to; (had) trouble to

mal de mer - seasickness
malade(s) - sick; ill
(les) malades - (the) sick
maladies - illnesses; maladies; diseases
malheureusement - unfortunately
malnutrition - malnutrition
maman - mama; mom
mangeait - was eating
manger - to eat
manière - way; manner
(ont) marché - walked
marcher - to walk; walk
maritime(s) - maritime; coastal
mars - March
(en) masse - (en) masse
matin - morning
mauvais(e)(s) - bad; poor
me - (to) me
membre - member
même - same; even; including
menace - menace; threat
mer - sea
merci - thank you
mère - mother

mes - my

mesdames - ladies

message - message

messieurs - gentlemen

milice(s) - militia(s)

minute(s) - minute(s)

miracle - miracle

misère - misery

mission - mission

(ont) modifié - modified

moi - me

mois - month

moment - moment

mon - my

monarchie - monarchy

monde - world

(beaucoup de) monde - a lot of people

(tout le) monde - everyone

monter - get onto; to mount

mort - death

mort(e) - dead

(est) mort(e) - died

(étaient) morts - were dead; had died

(les) morts - (the) dead

(sont) morts de faim - starved to death

(sont) morts de froid - froze to death; died of exposure

mouraient - were dying

mourir - to die

mourrait - would die

mousquet(s) - musket(s)

mouvement - movement

(a) murmuré - murmured

N

n' - no

nationale - national

nausée - nausea

navale - naval

ne... jamais - never

ne... pas - not; doesn't; didn't

ne... plus - no longer

ne... que - only

ne... rien - nothing

nerveuse - nervous

nerveusement - nervously

nerveux - nervous

neutres - neutral

ni... ni - neither...nor

niveaux - levels

noir - black; dark; darkness

nom(s) - name(s)

nombre - number

nombreuses - numerous; many

non - no

normalement - normally

nos - our

note - note

notre - our

nous - we; us

Nouveau Monde - (the) New World

nouvelle(s) - news

Nouvelle-Angleterre - New England

Nouvelle-France - New France

Nouvelle-Orléans - New Orleans

novembre - November

nuit - night

nulle part - nowhere

O

obscurité - dark; darkness

(a) observé - observed

occasion - occasion

océan - ocean

octobre - October

odeur - odor; smell

officier(s) - officer(s)

on - one; we; people

opportunité - opportunity

oppression - oppression

optimiste - optimistic

option(s) - option(s)

(a) ordonné - ordered

(ont) ordonné - ordered

ordre(s) - order(s)

oreilles - ears

organisait - was organizing

origine - origin

ou - or

où - where

ouest - west

oui - yes

(a) ouvert - opened

(a) ouverte - opened

(se sont) ouvertes - opened

P

paniquait - was panicking

(a) paniqué(e) - panicking; panicked

Glossaire

paniquer - to panic

papa - dad; daddy

par - by; through; out of

par conséquent - consequently; as a result

par terre - on the ground

paralysé(e) - paralyzed

parce qu(e) - because

pardonne - forgive; pardon

parents - parents

parlaient - were speaking; were talking

parlait - was speaking; spoke

parle - speak

parler - to speak

(sans lui) parler - (without) speaking (to her)

(de la) part (de) - from; (on) behalf (of)

(est) parti(e) - left

(soit) parti - left

(suis) parti(e) - left

(était) parti - had left

partie - part

(ont) participé - participated

participer - to participate

partir - to leave

pas - not

passage - pathway; passage

passagers - passengers

passaient - passed; were passing

(se) passe - is happening

(avait) passé - had spent (time)

(s'est) passé - happened

(s'était) passé - had happened

patient - patient

pendant - during; for

pendant que - as; while

Pennsylvanie - Pennsylvania

pensaient - thought

pensait - was thinking; thought

(en) pensant - thinking

pense - think

(a) pensé - thought

(ai) pensé - thought

pensez - think

perdre - to lose

(a) perdu - lost

(ai) perdu - lost

(avait) perdu - had lost

(avaient) perdu - had lost

(s'est) perdu - got lost

(s'était) perdu - had gotten lost

père - father

Père - Father (religious)

période - time; period

(a) permis - permitted

permission - permission

perplexe - perplexed; puzzled; confused

personne - person

personne ne - nobody; no one

personnes - people

petit - small; limited

petit ami - boyfriend

peu - a little; few

peuples indigènes - indigenous peoples, native peoples

peur - fear

(a pris) peur - (got) scared

(avait) peur - (was) scared; (was) frightened

peut-être - perhaps; maybe

peuvent - can

peux - can

phobie - phobia

physique - physical

pistolet - pistol; gun

place - room; space

(faites de la) place ! - make room!

plage - beach

plaines - plains

(s'il te) plaît - please; (if it) pleases (you)

(s'il vous) plaît - please; (if it) pleases (you)

plancher - floor

plein(e)(s) - full

(a) pleuré - cried

pleurer - to cry

pleurs - tears

(a) plongé - plunged

plouf ! - splash!

plus - more

(en) plus - as well as; in addition to

(ne…) plus - no longer

(non) plus - either; neither

poème - poem

Glossaire

point - point
pont - deck; bridge
population - population
port - port; harbor
portes - doors
possessions - possessions
possible - possible
pour - for; to; in order to
pourquoi - why
pourrait - could
pourrez - will be able
pouvaient - were able; could
pouvais - was able; could
pouvait - was able; could
pouvons - can
préfère - prefer; prefers
préférerais - would prefer
premier - first
premières - first
prendre - to take; take
prends ! - take!
(se) préparait - was getting (herself) ready
préparé - prepared
préparer - to prepare
près - near; close to

présence - presence
prier - to pray
primitive - primitive
(a) pris - took
(a) pris peur - got scared
(avait) pris - had taken
(avaient) pris - had taken
(ont) pris - took
prise de terreur - terror-stricken
prison - prison
prisonnière - prisoner
prisonniers - prisoners
problème(s) - problem(s)
protéger - to protect
provisions - provisions; supplies
(aurais) pu - could have
puis - then; next
putride - putrid; rotten

Q

qu' - that; what
qu'est-ce qu(e) - what
qu'est-ce qui - what
quand - when

que - that; what

(ne/n')... que - only

quel - which; what

quelle - which; what

quelque(s) - some; a few

quelque chose - something

question - question; matter

qui - who; that

(a) quitté - left

(ai) quitté - left

(ont) quitté - left

quitter - to leave; leave

quoi - what

R

rage - rage

raids - raids

raison - reason

rapidement - rapidly; quickly

ravagé - ravaged; devastated

réaction - reaction

(a) réalisé - realized

réalité - reality

rébellion - rebellion

recherche - search

reconstruire - to reconstruct; to rebuild

(a) reçu - received

(ont) reçu - received

récupérer - to recuperate; to get better

refaire leur vie - to start a new life; rebuild their life

réfugiés - refugees

refuse - refuse

(a) refusé - refused

refusez - refuse

regardaient - were looking at; looked at

regardait - was looking at; was watching

(ont) regardé - looked at; watched

(a) regardé - looked at; watched

(ai) regardé - watched

(l'a) regardée - looked at (it)

(se sont) regardées - looked at (each other)

région(s) - region(s)

rejoindre - to join

relations - relations

(a) relevé - picked up; lifted

(l'a) relevée - picked (her) up; lifted (her)

religion - religion

(a) remarqué - noticed; remarked

(sont) rentrés - returned

(a) répété - repeated

remplacer - to replace

(a) répondu - responded; answered

reprendre connaissance - regain consciousness

résistait - was resisting; resisted

résistance - opposition forces; resistance (military)

résister - to resist; resisting

résistez - resist

respirer - breathe

responsable - responsible

reste - rest

(est) resté - remained; stayed

(sont) restés - remained; stayed

rester - to remain; to stay

(en) retard - late

(sont) retournés - returned

(suis) retourné - returned

(a) retrouvé - found (again)

(après avoir) retrouvé - (after having) found

(avait) retrouvé - (had) found again

(se sont) retrouvées - found (each other) again

retrouver - to find (again)

revoir - to see (again)

ridicule - ridiculous

rien - nothing

rigide - rigid

risqué - risky

rivière - river

route - route

rumeurs - rumors

rustique - rustic

S

s' - herself; himself; oneself; themselves

s'adapter - to adapt

s'amusait - was having fun; was amusing (himself; herself; oneself)

s'appelle - is called

s'approchait - was approaching; approached

s'échapper - to escape; to get away

s'encourageaient - were encouraging (each other)

s'occupait - was taking care of; was caring for

s'occuper - to take care of; to care for

sa - his; her

sais - know

(a) saisi - grabbed; seized

(ont) saisi - grabbed; seized

(l'a) saisie - grabbed (her); seized (her)

saisir - to seize; to grab

sait - knows

samedi - Saturday

sans - without

sans vie - lifeless; dead

santé - health

saute ! - jump!

(a) sauté - jumped

sauter - to jump

sauver - to save

savaient - knew

savais - knew

savait - knew

savoir - to know

(sans rien) savoir - (without) knowing (anything)

scène - scene

se - herself; himself; oneself; themselves

second - second (ordinal number)

secondes - seconds (time)

(en) secret - secretly; (in) secret

secrètes - secret; confidential

sécurité - security

semaine(s) - week(s)

(me) sentais - felt; was feeling

(se) sentait - was feeling; felt

(a) senti - felt

séparation - separation

(ont) séparé - separated

séparé(e)(s) - separated

(l'a) séparée - separated (her)

(étaient) séparé(e)s - were separated

Glossaire

séparer - to separate
séparez - separate
seraient - would be
sérieuse - serious
sermon - sermon
ses - his; her
seul(e)(s) - only; single
seulement - only
si - if
silence - silence
simplement - simply; only
s'intensifiaient - were intensifying
situation - situation
société - society
soient - are
sois - are
soit parti - left
soldat(s) - soldier(s)
sommes - are
son - his; her
sont - are
soudain - suddenly
(as) souffert - suffered
(ont) souffert - suffered
souffraient - were suffering
souffrait - was suffering
souffrance - suffering

souffrent - are suffering
spécial - special
sportif - athletic; sporty
stress - stress
stressée - stressed
suffisants - sufficient; adequate
suffoquer - to suffocate
(faisaient) suffoquer - were suffocating
suis - am
supérieur - superior
supportait - could tolerate; could bear
sur - on
surchargé(s) - overcrowded
surpris(e) - surprised
surprise - surprise
sursauté (de surprise) - jump (from surprise)
survivrait - would survive
survivre - to survive; survive
survivront - will survive
suspecte - suspect; suspicious
symbolique - symbolic
système - system

T

t' - you; yourself

ta - your

table - table

tard - late; later

te - you; yourself

télescope - telescope

tempête - storm

temps - time

terre(s) - land(s)

terreur - terror; dread

(prise de) terreur - terror-stricken

terrible - terrible

terriblement - terribly

terrifiés - terrified

territoire - territory

territoires - territories

terrorisée - terrorized

tête(s) - head(s)

tiré sur - shot at; fired at

tirer sur - to shoot; to shoot at; to fire at

toi - you

tolérer - to tolerate

tombaient - were falling

(es) tombé - fell

(est) tombé(e) - fell

tomber - to fall

ton - your

torches - torches

torturaient - were torturing; tortured

(a) touché - touched

(sans) toucher - (without) touching

touchez - touch

toujours - always; still

(s'est) tourné(e) - turned

(se sont) tournées - turned

tous - all

tout(es) - all

tragique - tragic

tragiquement - tragically

(en) train de - in the process of

traître - traitor

(l'a) transférée - transferred (her)

(ont été) transférés - were transferred

(s'est) transformé - transformed

transportais - was transporting

Glossaire

(a) transporté - transported

(ai) transporté - transported

transportés - transported

transporter - to transport

transportez - transport

tremblaient - were trembling

tremblait - was trembling

trembler - to tremble

très - very

triste - sad; upset

tristement - sadly

trois - three

trop - too

trouvaient - found

(se) trouvaient - were; were located

(se) trouvait - was; was located; found (himself)

(s'est) trouvé - found (himself)

trouver - to find; find

tu - you

(ai) tué - killed

(a été) tué - was killed

tuer - to kill

turbulente - turbulent

U

un(e) - a; an; one

uniquement - only

(les) uns (après les autres) - one after another

urgent - urgent

V

va - is going; goes; go

(ça) va - it's ok; everything's fine

vain - vain

vais - am going

vallée - valley

vas (bien) - are (ok)

vas-y ! - go on!

vers - toward; to; in the direction of

veulent - want

veux - want

victimes - victims

victorieuses - victorious

vie - life

(en) vie - alive

village(s) - village(s)

ville - city

violemment - violently

violence - violence
violente - violent
Virginie - Virginia
visiblement - visibly
vite - quick; quickly; fast
vivaient - were living
vivante - alive
vivre - to live
voir - to see
vois - see
voix - voice
vomi - vomit
(a) vomi - vomited
vomir - to vomit
vomissait - was vomiting
vont - are going
votre - your
voulais - wanted
voulait - wanted
voulez - want
vous - you
voyage - trip; voyage
voyager - to travel
voyaient - saw; could see
voyait - saw; could see
vrai - real; true
vraiment - really; truly; ac-
    tually

(a) vu - saw
(ont) vu - saw
vue - view; sight
vulnérables - vulnerable

Y

y - there
yeux - eyes

Don't miss these other compelling
leveled readers from FluencyMatters.com...

Level 1 Novels

Brandon Brown dit la vérité
Present Tense - 95 unique words

Rather than get caught in the act of disobeying his
mother, Brandon decides to lie about his dishonest
actions. He quickly discovers that not telling the truth
can create big problems and a lot of stress! Will he
win in the end, or will he decide that honesty is the
best policy?   (Also available in Spanish)

Brandon Brown veut un chien
Present Tense - 110 unique words

Brandon Brown really wants a dog, but his mother
is not quite so sure. A dog is a big responsibility for
any age, much less a soon-to-be 9-year-old. Determined to get a dog, Brandon will do almost anything
to get one, but will he do everything it takes to keep
one…a secret? (Available in Spanish, Chinese, German & Italian)

Brandon Brown à la conquête de Québec
Past & Present Tense - 140 unique words
(Two versions under one cover!)

It takes Brandon Brown less than a day to find trouble while on vacation with his family in Quebec,
Canada. He quickly learns that in Quebec, bad deci-
sions and careless mischief can bring much more
than a 12-year-old boy can handle alone. Will he and
his new friend, Justin, outwit their parents, or will
their mischievous antics eventually catch up with them? (Also available
in Spanish)

Le Nouvel Houdini
Past & Present Tense - 200 unique words
(Two versions under one cover!)

Brandon Brown is dying to drive his father's 1956 T-bird while his parents are on vacation. Will he fool his parents and drive the car without them knowing, and win the girl of his dreams in the process? (Also available in Spanish & Russian)

Pirates français des Caraïbes
Present Tense - 210 unique words

The tumultuous, pirate-infested seas of the 1600's serve as the historical backdrop for this fictitious story of adventure, suspense and deception. Rumors of a secret map abound in the Caribbean, and Henry Morgan *(François Granmont, French version)* will stop at nothing to find it. The search for the map is ruthless and unpredictable for anyone who dares to challenge the pirates of the Caribbean. (Also available in Spanish)

Une obsession dangereuse
Present Tense - fewer than 200 unique words

Françoise's obsession with alligators is a bit concerning, but when she plans a face-to-face encounter, it becomes downright dangerous. As she and her friend, Monique, secretly venture out into the bayou for an alligator encounter, they discover that both alligators and the bayou are much safer when viewed on TV! François finds herself in a life-or-death situation, and her only hope for survival rests on the wits of a 13-year-old.

Level 2 Novels

Au revoir l'Acadie
Past Tense - 240 unique words

During the Great Expulsion of 1755, thousands of Acadians were inhumanely torn from their homeland and exiled to various parts of the world. Marie and her family are no exception. After her family is ripped from their home and separated during deportation, Marie struggles to survive the brutality of the English soldiers. Malnourished, ill and without hope, Marie cannot endure her naval prison much longer. Will she survive long enough to be reunited with her family?

Problèmes au paradis
Past Tense - 280 unique words

Victoria Andalucci and her 16-year-old son are enjoying a fun-filled vacation at Club Paradise in Martinique. A typical teenager, Tyler spends his days on the beach with the other teens from Club Chévere, while his mother attends a conference and explores Mexico. Her quest for adventure is definitely quenched, as she ventures out of the resort and finds herself alone and in a perilous fight for her life! Will she survive the treacherous predicament long enough for someone to save her? (Also available in Spanish)

Nuits mystérieuses à Lyon
Present Tense - 325 unique words

Kevin used to have the perfect life. Now, dumped by his girlfriend, he leaves for a summer in Spain, and his life seems anything but perfect. Living with an eccentric host-family, trying to get the attention of a girl with whom he has no chance, and dealing with a guy who has a dark side and who seems to be out to get him, Kevin escapes into a book and enters a world of long-ago adventures. As the boundaries between his two worlds begin to blur, he discovers that nothing is as it appears...especially at night! (Also available in Spanish)

Felipe Alou: l'histoire d'un grand champion
Past Tense - Fewer than 300 unique words

This is the true story of one of Major League Baseball's greatest players and managers, Felipe Rojas Alou. When Felipe left the Dominican Republic in 1955 to play professional baseball in the United States, he had no idea that making it to the 'Big League' would require much more than atheleticism and talent. He soon discovers that language barriers, discrimination and a host of other obstacles would prove to be the most menacing threats to his success. (Also available in Spanish and English)

Vol des oiseaux
Present Tense - 325 unique words

Fifteen-year-old Nathalie Gauthier had reservations about her father's new job in Africa, but little did she know that missing her home and her friends would be the least of her worries. She finds herself in the middle of an illegal bird-trading scheme, and it's a race against time for her father to save her and the treasured African Greys. (Also available in Spanish)

About the Author

Kim Anderson earned a Master of Arts Degree from the Middlebury School of French in Paris, and a B.A. in French from St. Olaf College with a semester in Avignon. Since 1988, Kim has facilitated language acquisition for students of French and Spanish. She has taught in a variety of settings, including Montessori (elementary), middle school and college. Passionate about languages and cultures, Kim is a self-proclaimed serial language learner who has also studied German, Italian and now Chinese.

Au revoir l'Acadie is Kim Anderson's first comprehension-based reader.